BEI GRIN MACHT SICH IHR WISSEN BEZAHLT

- Wir veröffentlichen Ihre Hausarbeit,
  Bachelor- und Masterarbeit

- Ihr eigenes eBook und Buch -
  weltweit in allen wichtigen Shops

- Verdienen Sie an jedem Verkauf

**Jetzt bei www.GRIN.com hochladen
und kostenlos publizieren**

Bibliografische Information der Deutschen Nationalbibliothek:

Die Deutsche Bibliothek verzeichnet diese Publikation in der Deutschen National-bibliografie; detaillierte bibliografische Daten sind im Internet über http://dnb.d-nb.de/ abrufbar.

Dieses Werk sowie alle darin enthaltenen einzelnen Beiträge und Abbildungen sind urheberrechtlich geschützt. Jede Verwertung, die nicht ausdrücklich vom Urheberrechtsschutz zugelassen ist, bedarf der vorherigen Zustimmung des Verlages. Das gilt insbesondere für Vervielfältigungen, Bearbeitungen, Übersetzungen, Mikroverfilmungen, Auswertungen durch Datenbanken und für die Einspeicherung und Verarbeitung in elektronische Systeme. Alle Rechte, auch die des auszugsweisen Nachdrucks, der fotomechanischen Wiedergabe (einschließlich Mikrokopie) sowie der Auswertung durch Datenbanken oder ähnliche Einrichtungen, vorbehalten.

Impressum:

Copyright © 2019 GRIN Verlag
Druck und Bindung: Books on Demand GmbH, Norderstedt Germany
ISBN: 9783346086112

Dieses Buch bei GRIN:

https://www.grin.com/document/511260

Ken Hoffmann

Grundlagen der allgemeinen Fitness

Trainingsplan zur Kraftsteigerung, Linderung der Schmerzen im Lenden-wirbelsäulen-Bereich

GRIN Verlag

GRIN - Your knowledge has value

Der GRIN Verlag publiziert seit 1998 wissenschaftliche Arbeiten von Studenten, Hochschullehrern und anderen Akademikern als eBook und gedrucktes Buch. Die Verlagswebsite www.grin.com ist die ideale Plattform zur Veröffentlichung von Hausarbeiten, Abschlussarbeiten, wissenschaftlichen Aufsätzen, Dissertationen und Fachbüchern.

Besuchen Sie uns im Internet:

http://www.grin.com/

http://www.facebook.com/grincom

http://www.twitter.com/grin_com

Deutsche Hochschule für
Prävention und Gesundheitsmanagement
Hermann Neuberger Sportschule 3
66123 Saarbrücken

Einsendeaufgabe

Fachmodul:	Trainingslehre 1
Studiengang:	Fitnessökonomie
Datum Präsenzphase:	25.02.2019 – 28.02.2019
Name, Vorname:	Hoffmann, Ken
Studienort:	Saarbrücken
Semester:	WS2018

Inhaltsverzeichnis

1   Diagnose

Mit der Person wird vorerst ein Eingangsgespräch durchgeführt um Informationen, die
für das Erstellen seines Trainingsplans relevant sind, zu erhalten. Ziel ist es die aktuelle
Leistungsfähigkeit des Kunden und dessen Gesundheitszustand zu erfahren, um die
Trainingsplanung optimal anzupassen.

1.1   Allgemeine und biometrische Daten

Tab.1: Allgemeine und biometrische Daten

Alter	24
Geschlecht	Männlich
Körpergröße	179cm
Körpergewicht	78kg
Trainingsmotive	Muskelaufbau, Kraftsteigerung
Berufliche Tätigkeit	Automobilkaufmann
Aktuelle sportliche Aktivitäten	Einmal die Woche für 90 Minuten Rennrad fahren
Frühere sportliche Aktivitäten	Drei Jahre Krafttraining bis vor einem halben Jahr
Zeitliche Verfügungsrahmen	Drei Trainingseinheiten pro Woche mit maximal 90 Minuten

Tab.2: Blutdruckwerte und Ruhepuls der Person

Blutdruck	Messung	Einstufung
Systolischer Blutdruck in mmHg	123	Normal
Diastolischer Blutdruck in mmHg	78	Optimal
Ruhepuls in Herzschlägen pro Minuten	74	Normal

Tab.3: Blutdruckklassifikation der WHO

Bewertungsstufen	Systolischer Blutdruck (mmHg)	Diastolischer Blutdruck (mmHg)
Normalblutdruck (Normotonie)		
Optimal	Unter 120	Unter 80
Normal	120-129	80-84
Hochnormal	130-139	84-89
Bluthochdruck (arterielle Hypertonie)		
Stufe 1	140-159	90-99
Stufe 2	160-179	100-109
Stufe 3	Über 180	Über 110

1.2 Krafttest

1.2.1 Begründung der Testauswahl

Der Trainierende hat mehrere Jahre an Erfahrung im Krafttraining gesammelt, jedoch hat er nie mit hohen Trainingsintensitäten gearbeitet da sein Ziel der Muskelaufbau war. Somit wird bei dem Kunden ein Mehrwiederhohlungskrafttest (X-RM) durchgeführt, da der Kunde bereits diese Art von Krafttest kennt und selbst durchgeführt hat. Die Intensitätsbestimmung über subjektives Belastungsempfinden wird in diesem Falle nicht gewählt da der Kunde über genügend Erfahrung im Mehrwiederholungskrafttest verfügt und diese subjektive Einschätzung nach einer längeren Trainingspause suboptimal wäre. Der Kunde verfügt außerdem über einen guten gesundheitlichen Zustand jedoch hat er leichte Probleme im Bereich der LWS.

1.2.2 Testablauf

Nachdem die Person ihre 14-tägige Gewöhnungsphase absolviert hat, da diese ein halbes Jahr kein Kraftsport getrieben hat, beginnt er mit dem Test. Die 14-tägige Gewöhnungsphase soll die Koordination bei der Kraftmessung verbessern.

Der erste Krafttest wird gegen Abend durchgeführt, da der Kunde in der Regel um diese Zeit trainieren geht und die Rahmenbedingungen möglichst realistisch gehalten werden sollen, um ein aussagekräftiges Ergebnis zu erzielen.

Begonnen wird mit einem zehnminütigen Aufwärmen auf einem Crosstrainer, um die Körpertemperatur zu erhöhen und möglichst viele Gelenke und Muskeln in Bewegung zu bringen.

Anschließend wird mit dem speziellen Aufwärmen begonnen. Der Kunde führt mit geringem Gewicht, jede Übung dreimal durch, um alle Muskelgruppen, Sehnen-, Bänder- und Gelenkstrukturen auf die jeweilige Belastung vorzubereiten.

Um das Gewicht des Mehrwiederholungskrafttestes im Wiederholungsbereich von zwölf Wiederholungen zu bestimmen, wird aufgrund der bereits vorhandenen Erfahrung des Kunden mit Krafttraining und der Einschätzung des Trainers ein entsprechendes Gewicht gewählt. Jedoch ist zu berücksichtigen, dass die sechsmonatige Trainingspause die anfängliche Gewichtsauswahl deutlich erschwert.

Nachdem der erste Satz mit zwölf Wiederholungen durchgeführt wurde, kann die Belastung nach subjektivem Belastungsempfinden für die nächsten ein bis zwei Sätzen um 5%, 10% oder 25% erhöht werden. (nach Zimmer, 1999, S. 45-47)

Zwischen den einzelnen Sätzen erfolgt eine Pause von drei Minuten und die Schnelligkeit der Übungsausführung wird auf „Time under tension" (TUT) (2/0/2) festgesetzt, um mögliche Störfaktoren zu minimieren. Außerdem werden die Übungen in derselben Reihenfolge wie es der Trainingsplan vorgibt absolviert, um einen weiteren Störfaktor zu minimieren. (nach Zimmer, 1999, S.45-47)

1.2.3   Testergebnis

Tab.4: Testergebnisse des 12-RM-Test

Testübung	1.Testsatz	2.Testsatz	3.Testsatz	Ergebnis
Kniebeuge	55kg	70kg	75kg	75kg
Bankdrücken	55kg	60kg	65kg	65kg

Rudern (Brust-gestützt)	45kg	55kg	*60kg*	60kg
Bizepscurls (SZ-Stange)	10kg	17,5kg	*22,5kg*	22,5kg
Rumpfextension (Maschine)	10kg	*12,5kg*	/	12,5kg
Rumpfflexion (Maschine)	15kg	17,5kg	*20kg*	20kg

1.2.4   Schlussfolgerung

Trotz der langen Trainingspause kann der Kunde sehr gute Kraftwerte vorweisen, je-doch fällt auf, dass die Person eine ziemlich schwach ausgeprägte Bauchmuskulatur hat. In der Kombination mit der starken Rückenmuskulatur, kann dies der Auslöser für die leichten Probleme im LWS-Bereich sein.

2   Zielsetzung

Aufgrund der Wünsche des Kunden und dessen momentanen körperlichen Verfassung, wurden mit der Person realistische, individuelle und konkrete Wünsche und Ziele ge-setzt.

2.1   Ansicht der Zielsetzung

Tab.5: Zielsetzung des Kunden

Inhalt	Ausmaß	Zeit
Gewichtzunahme	7kg	1 Jahr
Kraftsteigerung	20%-30%	12 Wochen
Linderung der Schmerzen im LWS-Bereich	Subjektives Schmerzempfin-den senken	4 Wochen

2.2 Begründung

Die Gewichtszunahme dient dem Kunden, um die Muskulatur aufzubauen. Da keine Möglichkeit der Körperfettmessung und somit der Feststellung der fettfreien Körpermasse besteht wird das Ziel Gewichtszunahme in Kombination mit der stetigen Kraftsteigerung als Indikator für Muskelaufbau dienen.

Da der Kunde wieder an seine alten Kraftwerte anknüpfen möchte, hat er sich als weiteres Ziel gesetzt, seine Kraft innerhalb von 12 Wochen um 20% - 30% zu verbessern.

Durch das gezielte Training wurde als weiteres Ziel definiert, die Schmerzen im LWS-Bereich zu mindern, da diese die Lebensqualität des Kunden einschränkt.

3 Trainingsplanung Makrozyklus

3.1 Darstellung des Makrozyklus

Tab.6: Makrozyklus

	X-RM-Test (ILB)	Meso-zyklus 1	X-RM-Test (ILB)	Meso-zyklus 2	X-RM-Test (ILB)	Meso-zyklus 3	X-RM-Test (ILB)	Meso-zyklus 4	X-RM-Test (ILB)
Dauer		8 Wochen		6 Wochen		8 Wochen		6 Wochen	
Spezif-Isches Train-Ings-Ziel		Hyper-thro-phie-training		Maxi-mal-kraft-training		Hyper-Thro-phie-training		Maxi-mal-kraft-training	
Anzahl Trai-nings-einheit-en pro		3		3		3		3	

Woche									
Organisationsform	GK		GK		GK		GK		
Anzahl Übung pro Muskelgruppe	1-2		1-2		1-3		1-3		
Anzahl Sätze pro Übung	3		3		3		3		
Satzpausen	2-3 Minuten		3-5 Minuten		2-3 Minuten		3-5 Minuten		
Wiederholungszahlen	12 bis 15		6 bis 8		8 bis 10		5		
Intensitäten	70%-80%		80%-90%		80%-90%		90%		
Bewegungstempo	3-0-X		2-0-X		3-0-X		2-0-X		

3.2 Begründung des Makrozyklus

3.2.1 Begründung der übergeordneten Trainingsmethode

Da der Kunde aus einer längeren Trainingspause kommt, wird mit einem Hypertrophiezyklus, im Bereich von 12 bis 15 Wiederholungen begonnen. Durch den Hypertrophiezyklus erfüllen wir ihm ebenfalls den Wunsch vom Muskelaufbau und außerdem gewöhnen sich Gelenke, Sehnen und Bänder an die stärkere Belastung. Nicht nur die intermuskuläre Koordination wird durch die Hypertrophie verbessert (Sale,1994, S.257), sondern auch die intramuskuläre Koordination. Durch die höhere Wiederholungsanzahl werden ebenfalls Bewegungsabläufe bzw. Übungen öfter durchgeführt und die Koordination wird in der jeweiligen Bewegung öfter geübt.

Anschließend folgt im nächsten Zyklus das Maximalkrafttraining. Durch das Maximalkrafttraining wird einerseits für Abwechslung und somit auch für andere Reize gesorgt. Hierbei kann sich der Kunde in diesen Zyklen auf sein Ziel der Kraftsteigerung konzentrieren.

3.2.2 Begründung der Belastungsparameter

Tab.7: Begründung der Belastungsparameter

Belastungsparameter	Begründung
Einheiten pro Woche	Die Person hat einen zeitlichen Verfügungsrahmen von dreimal die Woche Training à maximal 90 Minuten angegeben. Im Optimalfall sollte ein Muskel dreimal in der Woche einen Trainingsreiz ausgesetzt werden (Bishop, Jones & Wood, 2008). Dies ist bei einem Ganzkörperplan bei dem Kunden somit gegeben. Außerdem beträgt die Zeit in der Proteinbiosynthese, welche nach einem trainingswirksamen Reiz erhöht ist, maximal 36-48 Stunden. Somit ist die Trainingshäufigkeit optimal.
Übungen pro Muskelgruppe	Da der Trainierende trotz 6-monatiger Pause als Fortgeschrittener gilt und sein zeitlicher Verfügungsrahmen es so vorgibt, werden ein bis drei Sätze pro Muskelgruppe durchgeführt
Sätze pro Übung	Da der zeitliche Verfügungsrahmen es nicht anders hergibt, werden drei Sätze pro Muskelgruppe durchgeführt

Intensität	Da der Kunde über genügend Trainingserfahrung verfügt, dieser sich jedoch vor einem Wiedereinstieg ins Training befindet, werden Intensitäten von Zyklus zu Zyklus gesteigert.

3.2.3 Begründung der Organisationsform

Da der Kunde über einen zeitlichen Verfügungsrahmen von dreimal in der Woche verfügt, hat man sich für einen Ganzkörpertrainingsplan entschieden. Somit kann dreimal in der Woche jede Muskelgruppe trainiert werden. Dies ist wichtig, da die erhöhte Proteinbiosynthese für maximal 36-48 Stunden anhält (Philips, Tipton, Aarsland, Wolf & Wolfe, 1997, S.143). So gelingt ihm der optimale Muskelwachstum für den angegebenen Zeitrahmen.

3.2.4 Begründung der Periodisierung

Im ersten Zyklus wird mit einem Muskelaufbautraining im Bereich von 12-15 Wiederholungen begonnen, um so leicht wie möglich wieder ins Training zu starten. Außerdem verbessert sich durch die hohe Wiederholungsanzahl auch die Koordination des Trainierenden. Im darauffolgenden Zyklus wird das Training im Maximalkraftbereich stattfinden. Einerseits wird ein neuer Reiz gesetzt, so dass die Motivation nicht verloren geht, andererseits wird das Ziel der Kraftsteigerung verfolgt. Das Ganze wiederholt sich im dritten und vierten Zyklus, jedoch mit höheren Intensitäten.

Damit der Kunde seine Trainingsgewichte dem nächsten Zyklus anpassen kann, wird nach jedem Zyklus ein X-RM Krafttest nach der ILB Methode durchgeführt. Außerdem kann man so die Fortschritte besser kontrollieren.

4 Mesozyklus

4.1 Mesozyklusdarstellung

Tab.8: Mesozyklus 1 (Aspekte)

Zyklusdauer	8 Wochen
Spezifisches Trainingsziel	Hypertrophietraining
Trainingseinheiten pro Woche	3
Organisationsform	GK
Übung pro Muskelgruppe	1-2
Sätze pro Übung	3
Satzpause	2-3 min
Wiederholungszahl	12-15
Intensität	70% - 80%
Bewegungstempo	3-0-X

Tab.9: Mesozyklus 1 (Übungen)

Reihenfolge	Übung	Sätze	Wiederholungs-zahl	Satzpause (min)
1	Kniebeuge	3	12-15	3
2	Bankdrücken	3	12-15	3
3	Rudern (Brust-gestützt)	3	12-15	3
4	Bizepscurls (SZ-Stange)	3	12-15	2
5	Rumpfextension (Maschine)	3	12-15	2
6	Rumpfflexion (Maschine)	3	12-15	2
7	Planks	3	Max. halten	2

4.2 Erläuterung Mesozyklus 1

Begonnen wird mit mehrgelenkigen freien Übungen, da diese koordinativ am anspruchsvollsten sind. Das brustgestützte Rudern dient außerdem der Entlastung der unteren Rückenmuskulatur, da diese bereits bei der Kniebeuge stark belastet wird. Die Bizepscurls wurden ausgewählt, um den Gegenspieler vom Trizeps zu trainieren. Zuletzt werden die Rumpfübungen ausgeführt, da diese am Anfang des Trainings zu einer Leistungsminderung führen könnten, da sie bei fast jeder Übung unterstützend oder antagonistisch unterstützend beteiligt sind. Außerdem wurde die Übung Planks hinzugefügt, da die Schmerzen im LWS-Bereich wahrscheinlich von einer zu schwach ausgeprägten Bauchmuskulatur kommen könnten.

Zudem wurde im ersten Mesozyklus vermehrt auf mehrgelenkige Übungen gesetzt, da man mit gleicher Anzahl an Übungen, Sätzen etc. einen höheren Belastungsumfang bzw. Gesamtlast erreichen kann.

Das Überwiegen der freien Übungen hat außerdem den Hintergrund der Verbesserung der intermuskulären Koordination.

4.3 Übungen im Mesozyklus 1

Kniebeuge:

Diese Übung trainiert insbesondere die Oberschenkel- und Gesäßmuskulatur. Die Kniebeuge ist eine der großen Grundübungen im Krafttraining, welche sehr komplex ist und viele große Muskelgruppen beansprucht. Es gibt kaum eine andere Übung, welche die Po- (M. gluteus maximus) und Oberschenkelmuskulatur (M. quadriceps femoris) so fordert. Außerdem spricht die Kniebeuge Bauch- (M. rectus abdominis) und Rückenmuskulatur (M. erector spinae) und sorgt damit für mehr Stabilität.

Bankdrücken:

Wie auch die Kniebeugen, gehört das Bankdrücken ebenfalls zu den Grundübungen des Krafttrainings. Auch hier werden mehrere Muskeln aktiv trainiert, wie der m. pectoralis major, der m. deltoideus pars clavicularis und der m. trizeps brachii.

Rudern (Brustgestützt):

Das Rudern beteiligt viele Muskeln auf einmal, somit haben wir wieder eine große Zeitersparnis im Training, da nichts isoliert trainiert werden muss. Die beteiligten Muskeln sind: der m. latissimus dorsi, m. teres major, m.trapezius pars transversa, m. rhomboidei, m. deltoideus pars spinata sowie der m. bizeps brachii, m. brachialis und der m. brachioradialis. Die ‚rustgestützte Variante der Übung wurde gewählt, um die Muskulatur im Bereich der LWS zu entlasten, da diese bei der Kniebeuge und bei der Rumpfextension (Maschine) zu genüge trainiert wird und dieser Bereich bei dem Kunden verhältnismäßig gut ausgeprägt ist. Zudem dient diese Übung der aufrechten Körperhaltung, die in dem Beruf bei sitzender Tätigkeit darunter leidet. Außerdem wird die intermuskuläre Koordination gestärkt da es eine mehrgelenkige Übung ist.

Bizepscurls (SZ-Stange):

Die Curls beanspruchen eine sehr kleine Muskelgruppe (M. bizeps brachii). Diese Übung ist trotzdem wichtig in den Trainingsplan einzubringen, da durch das Bankdrücken der m. trizeps brachii stark belastet wird und man immer ebenfalls den Antagonisten trainieren sollte.

Rumpfextension (Maschine):

Durch die Übung wird der m. erector spinae trainiert. Dieser Muskel ist wichtig für die Stabilisierung bei vielen Übungen und bietet z.B. den Vorteil bei der Kniebeuge einen geraden LWS- Bereich beizubehalten.

Rumpfflexion (Maschine):

Da der Kunde eine sehr schwach ausgeprägte Bauchmuskulatur hat, wird eine Rumpf-flexion durchgeführt um den m. rectus abdominis, m. obliquus externus abdominis, m. obliquus internus abdominis, m. transversus abdominus und den m. iliopsoas zu trainie-ren. Da die Bauchmuskulatur der Antagonist des m. erector spinae ist, wird durch die Stärkung der Bauchmuskulatur die Lordose im LWS-Bereich verringert und die Schmerzen in diesem Bereich sollten gelindert werden.

Planks:

Die Planks beteiligt viele Muskeln wie den Rückenstrecker, Trapezmuskel, Gesäßmus-kel sowie die seitlichen und geraden Bauchmuskeln statisch. Also sehr effektiv für un-seren Kunden, um seine Schmerzen zu verringern.

5   Literaturrecherche

- Studie 1: Gerätegestütztes Krafttraining bei chronischem Rückenschmerz
- Studie 2: Krafttrainingstherapie bei männlichen Polizeibeamten mit chronischen lumbalen Rückenschmerzen

Tab.10: Literaturrecherche

	Studie 1	Studie 2
Wer hat die Studie durge-führt?	Freiwald, J.	Kirchhoff, D.
	Baumgart, C.	Kopf, S.
	Hoppe, M. W.	Böckelmann, I.
	Engelhardt, M.	Bereich Arbeitsmedizin der
	Forschungszentrum für Leis-	Medizinischen Fakultät, Otto-
	tungsdiagnostik und Trai-	von-Guericke-Universität
	ningsberatung (FLT), Arbeits-	Magdeburg, Magdeburg,
	bereich Bewegungswissen-	Deutschland

	schaft, Bergische Universität Wuppertal Klinik für Orthopädie, Unfall- und Handchirurgie - Osnabrück	Centrum für Muskuloskelettale Chirurgie, Charité – Universitätsmedizin Berlin, Berlin, Deutschland
In welchem Jahr wurde die Studie publiziert?	Band 32, Ausgabe 2, 2012	Band 66, Ausgabe 1, Januar 2016
Welche Forschungsfrage wurde untersucht?	Führt ein gerätegestütztes Krafttraining bei chronischen Rückenschmerzpatienten zu einer Verbesserung der Aktivität im Alltag	Vergleich zwischen einer isolierten Krafttrainingstherapie und einer Krafttrainingstherapie mit zusätzlichen psychisch-pädagogischen Interventionen hinsichtlich der Kraft der Rumpfmuskulatur, des Angstvermeidungsverhaltens und der Schmerzen.
Mit welchen Versuchspersonen wurde die Studie durchgeführt?	Chronische Rückenschmerzpatienten	Experimentalgruppe bestehend aus 64 männlichen Polizeibeamten Alter: 47 ± 7,2 Jahre BMI: 28,3 ± 3,9kg/m²
Wie sah der Versuchsaufbau der Studie aus?	Im Zeitraum von 12 Monaten drei Tests (Eingangs-, Zwischen- und Abschlussanalyse) sowie drei Therapiephasen mit insgesamt 39 Test- und Therapieeinheiten Das Krafttraining erfolgt als Einsatztraining mit zehn bis 30 Prozent der individuellen Maximalkraft und 25 bis 30 Wiederholungen. Zum Monitoring der Alltags-	Von 32 Patienten der Kontrollgruppe (KG) erhielten 24 isolierte Krafttrainingstherapien. Die 32 Patienten der Experimentalgruppe (EG) erhielten zusätzlich psychologisch – pädagogische Interventionen. Vor Beginn und nach Beendigung der Therapie erfolgte die Evaluation der Kraft der Rumpfmuskulatur, des Angst-

	aktivitäten wurde der Oswestry Low Back Pain Questionnaire Score (ODI) verwendet. Außerdem wurden die Beweglichkeit der Brust- und Lendenwirbelsäule sowie die Drehmomentwerte der Rumpfmuskulatur erhoben.	Vermeidungsverhaltens mittels des Fear-Avoidance-Beliefs-Questionnaire (FABQ) und der lumbalen Schmerzintensität mittels der visuellen Analogskala (VAS)
Welche relevanten Ergebnisse und Schlussfolgerungen lieferten die Studien?	Bei chronischen Rückenschmerzpatienten führt ein gerätegestütztes Krafttraining zu einer Verbesserung der Aktivität im Alltag. Die Verbesserungen im ODI können jedoch nur zu einem geringen Teil durch die Zunahme von Kraft und Beweglichkeit erklärt werden.	Die Patienten beider Gruppen verbesserten die Kraft ihrer Rumpfmuskulatur deutlich. Das Angstvermeidungsverhalten nahm ab. Sie hatten weniger Schmerzen. Nach der Therapie war die EG signifikant besser als die KG hinsichtlich des FABQ und der VAS. Eine solche Therapie kann also die chronischen lumbalen Rückenschmerzen deutlich lindern. Durch zusätzliche gezielte psychologisch-pädagogisch Interventionen kann dieser positive Effekt signifikant verbessert werden.

6 Literaturverzeichnis

Kirchhoff, D., Böckelmann, I. & Kopf, S. (2016) *Krafttrainingstherapie bei männlichen Polizeibeamten mit chronisch lumbalen Rückenschmerzen*. Zentralblatt für Arbeitsmedizin, Arbeitsschutz und Ergonomie, 66(1), (10-19)

Freiwald, J., Baumgart, C., Hoppe, M. W., Engelhardt, M. (2012) *Gerätegestütztes Krafttraining bei chronischen Rückenschmerzen*. Sportmedizin Schattauer, 32(2), (95)

Sale, D.G. (1994). Neuronale Adaption im Verkauf eines Krafttrainings. InP.V.Komi (Hrsg.), Kraft und Schnellkraft im Sport (S.249-265). Köln: Deutscher Ärzte-Verlag

Zimmer, M. (1999). Entwicklung und Erprobung eines Mehrwiederholungskrafttests zur Erfassung der Kraftleistung im Fitnesstraining. Unveröffentlichte Diplomarbeit, Universität des Saarlandes, Saarbrücken

7 Tabellenverzeichnis

BEI GRIN MACHT SICH IHR
WISSEN BEZAHLT

- Wir veröffentlichen Ihre Hausarbeit,
  Bachelor- und Masterarbeit

- Ihr eigenes eBook und Buch -
  weltweit in allen wichtigen Shops

- Verdienen Sie an jedem Verkauf

Jetzt bei www.GRIN.com hochladen
und kostenlos publizieren